그대

속눈썹에 걸린 세상

그대 속눈썹에 걸린 세상

펴낸날 초판 1쇄 2014년 2월 25일

지은이 허허당

펴낸이 임호준
이사 홍헌표 이동혁
편집장 김소중
책임 편집 임주하 | **편집 2팀** 나정애 김보람
디자인 이지선 왕윤경 | **마케팅** 강진수 김찬완 권소회
경영지원 나은혜 박석호 | **e-비즈** 표형원 이용직 유영경 배은지

인쇄 ㈜자윤프린팅

펴낸곳 북클라우드 | **발행처** ㈜헬스조선 | **출판등록** 제2-4324호 2006년 1월 12일
주소 서울특별시 중구 태평로1가 61 | **전화** (02) 724-7684 | **팩스** (02) 722-9339

ⓒ 허허당, 2014

이 책은 저작권법에 따라 보호를 받는 저작물이므로 무단 전재와 무단 복제를 금지하며,
이 책 내용의 전부 또는 일부를 이용하려면 반드시 저작권자와 ㈜헬스조선의 서면 동의를 받아야 합니다.
책값은 뒤표지에 있습니다. 잘못된 책은 바꾸어 드립니다.

ISBN 979-11-85020-22-8   13190

- 이 도서의 국립중앙도서관 출판시도서목록(CIP)은 서지정보유통지원시스템 홈페이지(http://seoji.nl.go.kr)와 국가자료공동목록시스템(http://www.nl.go.kr/kolisnet)에서 이용하실 수 있습니다. (CIP제어번호: CIP2014003490)

- 북클라우드는 독자 여러분의 책에 대한 아이디어와 원고 투고를 기다리고 있습니다. 책 출간을 원하시는 분은 이메일vbook@chosun.com로 간단한 개요와 취지, 연락처 등을 보내주세요.

허허당 인생 잠언록

그대

속눈썹에 걸린 세상

허허당 지음

북클라우드

차례

1장 인생은 노는 것이다

내 살아 있는 동안 | 진정한 아름다움 | 아마존 | 허공도 생명이다
부조리 | 바른 말 | 그대가 잃은 것은 | 진리는 예약할 수 없다
명상 | 인생은 | 마음 길 | 새가 날개를 펴듯 | 자기혁명 | 산 | 달콤한 눈
진정한 자비 | 있는 그대로 | 창의성 | 이야기꽃 | 참 사랑 | 오롯이
그대 속눈썹에 걸린 세상[1] | 그대 속눈썹에 걸린 세상[2]
휘어진 소리 | 교각을 넘어 | 길 | 화살 | 재미있게 놀아라
그렇지요 | 붉은 그리움 | 얼음 녹는 소리 | 울림

2장 끝에서 끝을 보라

앞선 하루 | 초승달 | 출가 시 | 나그네 | 오직 그뿐 | 만행
공연히 | 눈물 많은 세상 | 새벽을 그리며 | 밤 기차 | 끝에서 끝을 보라
문신 | 왼발은 뜨고 오른발은 닿네 | 수행자는 | 순결한 성전
생명의 길 | 증거 | 침묵 | 님을 부르는 마음 | 나를 버리면 | 쪽방
겨울 산 | 비 오는 산골 마을 | 아홉 | 죽음을 선택하라 | 나무가 말했다
내가 내가 그리울 땐 | 새야 | 다시 찾은 세상 | 어느 객스님을 보내고
여행[1] | 여행[2] | 존재의 유희 | 고요란 | 고흐를 생각하다
覺者의 슬픔과 자비 | 떠나기 위해 소리 내는 것 | 그들은 | 귀신 같은 날
오호 | 인연 따라 가는 길 | 생명의 꽃 우담바라
허허당이 본 화엄 세계 | 존재의 커밍아웃

3장 쉬어가라 세상 그리 바쁘지 않다

쉬어가라 | 새가 저리도 자유로운 것은 | 그대 어찌 | 최고의 행복

고귀한 것은 | 홀로 있는 기쁨[1] | 홀로 있는 기쁨[2]

마음을 비우면[1] | 마음을 비우면[2] | 깨어나라 | 본래 무일물 | 살펴보니

무위 | 무욕 | 아니겠느냐 | 일 없는 사람 | 무심 | 욕망의 거울

인연법 | 인연 | 홀로 선 자 | 반짝 | 진실한 마음

내게 말을 거는 자여 | 여행길 | 정거장 | 빈 몸 | 무심이 아니면

무상을 알아야 | 방하착 | 둘은 너무 많다 | 참 행복

행불행 | 이부자리 | 순 백치 | 숨 | 새벽 참선

4장 아름다운 것들이 더욱더 아름답다

낙수 | 청동빛 미소 | 어린이날 | 가사의 아침 | 별 따기
단풍잎 하늘 | 양념 | 하 | 사랑 | 달맞이 | 몸이 가는 들꽃 | 죽음의 계절
산지기 | 등뼈 휘는 소리 | 가을에 대한 예의 | 휴유암 소식[1]
휴유암 소식[2] | 휴유의 밤 | 방문 앞 큰 바위 | 休遊 | 夢遊
산중일기[1] | 산중일기[2] | 산중일기[3] | 아침 점호 | 비웃음 | 날름날름
쩍~ | 어슴푸레 | 밤도둑 | 미운 오리 새끼 | 순수한 웃음
아이고 | 어쩌라고 | 촛불에 고인 눈물 | 겨울새[1] | 겨울새[2]
파란 하늘에 글을 남기면 | 소리 내고 싶은 밤 | 소리의 그물 | 아하
달새 | 세월 밖에서 | 하루 | 햐 | 하얗게

과녁은 없다
나는 동안 행복하라

禪舞-깨달음의 춤

새가 날개를 펴면 허공이 새의 놀이터이듯
사람은 마음을 펴면 천하가 놀이터이다

선승의 눈 — 潔

늙은 절고양이

끝에서 끝을 보라
무엇이든 깊어지면 새로워진다

빈 마음으로 세상을 보면 천하가 내 밥상이다

無心

붓을 던지니 학이 난다
한 소리에 하늘이 깬다

선승의 눈 - 覺

閑主―일 없는 개

쉬어가라
세상 그리 바쁘지 않다

세상이 아무리 아름답다 해도
그대 자신의 아름다움을 발견하는 것만 못하다

선승의 눈-妙法

길을 잃었다 그렇지 않다
그대가 잃은 것은 길이 아니라
그대 자신이다

진정한 아름다움

하루 한 시간 혹은 두 시간 정도
고요히 자신을 지켜보는 시간을 갖는다면
자신이 참 아름다운 사람이라는 것을 알 수 있다
고요 속엔
모든 것을 아름답게 볼 수 있는 눈이 열린다

세상이 아무리 아름답다 해도 그대 자신의
아름다움을 발견하는 것만 못하다

귀신 같은 날

아마존

이름은 하나의 그리움이다
좋은 이름은 설사 거기에 아무것이 없다 해도
절대 실망하거나 후회하지 않는다
단지 그 이름만으로도
내 안에 또 다른 세계를 펼쳐 놓는다
아마존, 아마존은 그 이름만으로도
충분히 나를 행복하게 했다

허공도 생명이다

우주는 하나의 큰 생명 덩어리요
세계는 하나의 큰 생명의 꽃이로다

빛이 허공을 때리니 허공이 운다
함부로 하지 마라 허공도 생명이다

먼 길

부조리

물은 막히면 돌아가고
바람은 막히면 스쳐간다
막히면 뚫고 가려는 것은
오직 인간뿐이다
세상의 모든 부조리는
여기서 비롯된다

하늘과 새

바른 말

무슨 말이나
입안에 뱅뱅 돌거나
혀끝에 어물쩍대는 것은
진실하지 않다

바른 말은
바로 나온다

울림

우리네 삶은
매 순간 울림의 연속이다
태어남도 울림이요 죽음 또한 울림이다
우리네 인생은
매 순간 울림을 통해
성장하고 깨닫고 본래 자리로 돌아간다
울림!
오늘 하루 그대는
어떤 울림을 가졌는가?

사람은 모름지기 깊은 내면의 울림과
자연, 생명, 깨달음에 대한
가슴 뜨거운 울림이 있어야 한다

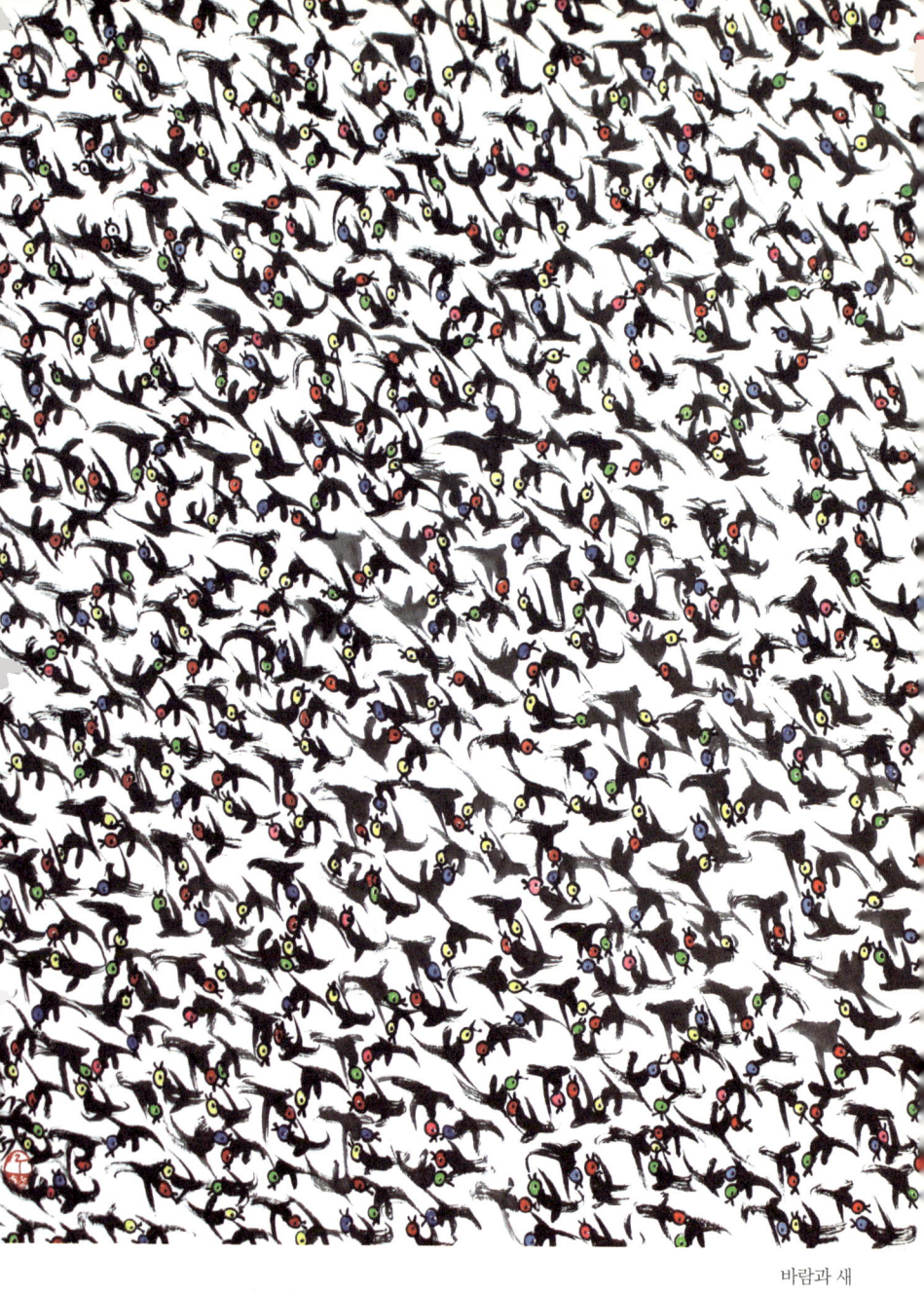

바람과 새

얼음 녹는 소리

고요한 아침
얼음 녹는 소리가
자유롭다
무엇이든 녹아야
자유롭다

새 한 마리
공중에 처박힌다

붉은 그리움

해가 진다
아무도 없는 황금 들판
노을빛을 만나 더 붉고 아름답다
새들 꼬리에
붉은 그리움이 펄럭인다

눈으로 보는 것은
더 볼 게 없어야 보이고
마음으로 보는 것은
더 알 게 없어야 보인다

그렇지요

그렇지요 그대나 나나 한세상 살다 가는 것
때론 스치는 바람 한 점에도 눈시울이 붉어지고
손발이 저려 올 때가 있지요
그렇지요
사람 사는 세상 어딜 가나 눈물 없는 곳 없지요
하지만 그대여 오늘 밤은 부디 편안하소서

노을과 새

재미있게 놀아라

재미있게 놀아라
삶도 죽음도 노는 것이다
우리가 이 세상에 온 것은
한 점 바람처럼
가볍게 놀다 가기 위함이다
깨달음이란
이 도리를 알고 한세상
가볍게 노는 것이다

길

길은 언제나 까마득하다
우리네 삶과 인생도
그러나 그 길은
마침내 지나간다

화살

시위를 떠난 화살은 언젠가 떨어진다
과녁은 없다 나는 동안 행복하라

여행

교각을 넘어

자신의 존재를
가장 즐겁고 기쁘게 할 수 있는 사람은
바로 자신이다
도란 참 자아의 아름다움을 발견해
마음껏 뛰고 노는 것

예술, 종교, 철학 이 모든 것들도
바로 그 자리에 가기 위한 교각일 뿐이다
만약 그대가 이것을 안다면
다른 어떤 옷(종교)을 걸치지 않아도
있는 그대로 자유로울 것이다

휘어진 소리

산중의 여름밤은 소리가 휘어진다
찻잔을 든 엄지손가락에 휘감기는 소쩍새 소리
동네 개 짖는 소리도
먼 산을 한 바퀴 휘어져 돌아온다

밤이 깊을수록
소리가 깊고 휘어지는 것은 무슨 이유일까
아마도 또 다른 생명을 잉태하는
몸부림인가 싶다

그대 속눈썹에 걸린 세상[1]

아무리 세상이 아름다워도
그대 마음이 아름답지 않으면 모두 헛것이다
살며시 눈을 뜨고
그대 속눈썹에 걸린 세상을 보라
모두 사랑하고 싶지 않은가

그대 속눈썹에 걸린 세상[2]

천천히 눈을 떠라
세상을 처음 보는 기분으로
너의 눈은 세상에서 가장 아름답고 신비롭다
그 눈으로 세상을 보라
그대 속눈썹에 걸린 세상
얼마나 아름다운가?

오롯이

평생 말을 해도
남의 말을 하는 사람은
평생 살아도 헛산 것이다
그것이 부처의 말이라 해도
모름지기 깨달은 사람은
평생 한마디를 해도
오롯, 자신의 말을 한다

즐거운 비명

참 사랑

날아다니는 새를 새장에 가두고
아침저녁으로 열심히 모이를 준다
그러고는 자신이 그 새를 가장 사랑한다고 말한다
어리석은 자는 새가 무엇을 원하는지도 모르면서
그것을 사랑이라고 우긴다

참 사랑은 가두지 않고 우기지 않는다

이야기꽃

세상의 모든 꽃들은 피면 필수록
화려하고 아름다운데 그중에
피면 필수록 시끄럽고 말썽스러운 꽃이 있다
이른바 사람들의 이야기꽃

이 꽃은 필 때에는 아주 그럴싸하다가도
질 때에는 아주 추해지는 경우가 많다

창의성

홀로 있는 것을 두려워하는 사람은
세상 모두를 다 가져도 여전히 두렵고 허전하다
참 자유인은 홀로 심심할 줄 안다

인간의 창의성은 고요히 홀로 있을 때 찾아온다
그것이 무엇이든
외로움 고독 혹은 고통일지라도

소리를 담는 사람

있는 그대로

보이지 않는 것을 보려 하고
들리지 않는 것을 들으려 하면
보이는 것도 제대로 못 보고
들리는 것도 제대로 못 듣는다
무엇이든
있는 그대로 보고 들으면
그다지 힘든 일이 없다

진정한 자비

자비란 잘잘못을 가리지 않고
무한정 품는 것이 아니라
잘못을 분명히 깨닫게 해 주는 것이다
진정한 사랑과 자비는
인간의 무지와 어리석음, 헛된 욕망을
가차 없이 베어 내는 것이다
풀을 뽑지 않고 자르면
금방 또 자란다

달콤한 눈

잘못된 생각을 고치면 눈빛이 고와진다
뱀이 똬리를 틀듯 독을 품고 있는 눈은
천기가 막혀 아무것도 안 된다
아름다운 눈 고운 눈을 가지면 천하가 미소 짓는다

사람의 눈이 가장 아름다울 때는 자신보다
남을 위해 진심 어린 마음을 가질 때이다
이런 눈은 언제 봐도 아름답고 달콤하다

자기혁명

인간은 먹이로부터 사육당하는 일은 잘 없지만
곧잘 의식으로부터 사육당한다
의식은 한번 사육당하면 좀처럼 깨어나기 힘들다
자유로워라 그대의 생각으로부터 그것이 혁명이다
자기혁명 이보다 위대한 혁명은 없다

산

산을 믿고 산을 오르면
산이 너를 기쁘게 할 것이요
산을 의심하고 산을 오르면
산이 너를 배반할 것이다

새가 날개를 펴듯

먼지도 웅크리고 있으면 곰팡이가 피고
마음도 웅크리고 있으면 곰팡이가 핀다
새가 날개를 펴듯이 마음을 활짝 펴라

새가 날개를 펴면
허공이 새의 놀이터이듯
사람은 마음을 펴면
천하가 놀이터이다

새소리에 포로가 된 사람

가슴으로 말하기

마음 길

마음 길이 통하는 사람은
만나도 안 만나도 똑같다
내가 만난 사람 중에
나를
가장 깊이 깨우쳐 준 사람들은
아직 단 한 번도
만나 보지 못한 사람들이다
그러나
그들은 항상 나와 함께 있다

인생은

인생은 노는 것이다
하고 싶은 일을 하며 가슴 뛰게 노는 것이다
이 세상은 내가 놀기 위해 만들어진 것
무엇이 잘못되었는가? 노는 사람 앞에서
이 세상이 내 앞에 펼쳐져 있는 것은
하고 싶은 일을 하며 열심히 놀라는 것
다른 의미가 아니다

명상

명상은 생명이 생명을 통해
서로 반응하고 교감하는 것
생명이 생명임을 눈치채는 것
재미있게 노는 것
세상은 나를 위한 명상 센터

진리는 예약할 수 없다

모든 것은 흐른다
보이는 것도 보이지 않는 것도
그대의 생각도 그대의 마음도
머물지 마라, 그 어떤 것에도

진리는 예약할 수 없다
자유 평화 행복도
다만 순간을 누릴 뿐이다

고요한 기쁨

그대가 잃은 것은

길을 잃었다 그렇지 않다
그대가 잃은 것은 길이 아니라
그대 자신이다
길은 항상 그대로 있다

초승달

비가 오면 비가 되고
바람 불면 바람 된다
내 일찍이
비도 바람도 아니었거늘
새삼
무엇이 되고자 하리오

초승달이 산을 넘는다

출가 시

길은 많으나 갈 길은 없고
사람은 많으나 眞人은 없더라
세상은 이미 冬眠에 잠잠한데
공연히
나 홀로 세상 가운데 섰구나

나그네

이승과 저승이 둘이라면
나는 기웃기웃
홀로 걷는 두 발 나그네
이승과 저승이 하나라면
나는 폴폴
홀로 걷는 외발 나그네

오직 그뿐

가면 가는 것이
내 인생의 목적이요
오면 오는 것이
내 인생의 목적이다

삶을 수단으로 살지 않고
목적 그 자체로 산다면
행불행도 없다

낙타를 모는 성자 – 인도 사막 여행 중

만행

한 걸음 쉬어 가고 두 걸음 쉬어 가네
앙상한 빈 가지 소리 내어 울고
맑은 바람 맑은 물은 태초의 소식 전하는데
빈 몸 끌어안고 다시 길을 걷는다

공연히

억겁 세월 둘러메고
차곡차곡 쌓던 걸음
걸음걸음 할 일 없어
우뚝 선 자리
부처도 몰라보고
조사도 몰라보네
어이하여 걸었던고
되물어 보니
공연히
한 세월 걸었다 하네

가족－인도 사막 여행 중

눈물 많은 세상

가고 싶다
세상 어디라도
이 몸뚱이
천년을 쥐어짜 강을 이루고
억년을 쥐어짜 바다를 이룬다면
그리하여
그대 평온할 수 있다면
그대 눈물 닦아 낼 수 있다면
가고 싶다
세상 어디라도

이 눈물 많은 세상

강이 되고 싶다
바다가 되고 싶다

새벽을 그리며

쉬려 해도 쉬지 못한 건
가슴이 하나밖에 없는 탓이요
놓으려 해도 놓지 못한 건
하나뿐인 가슴이 타고 있기에
붉은 가슴이

밤 기차

밤 기차는
사람을 실어 나르는 것이 아니라
외로운 영혼을 실어 나른다
밤 기차는
존재의 내면 가장 깊은 곳에서
기적을 울린다

노르카프 가는 길－북유럽 여행 중

끝에서 끝을 보라

끝에서 끝을 보라
외로움의 끝 고독의 끝 슬픔의 끝에서
끝에서 끝을 보면 또 다른 시작이 보인다
또 다른 시작은 전과 같지 않으리

문신

땅끝 마을 보길도 가는 마지막 배가
땅거미처럼 내려앉고
어둠이 바다를 잠재우며 슬며시 나를 밀쳐 낼 때
발끝에 모아진 수많은 길들이
내 몸에 새겨진 문신을 꺼내었다

밤은 나그네를 업신여긴다
그러나 밤은 나그네를 가장 나그네답게 해 준다

다시 문신을 새겨 넣었다

바닷길 억만 리는 왼발에 묻고
하늘길 억만 리는 오른발에 묻네

왼발은 뜨고 오른발은 닿네

내 지난날을 되돌아보니
아무런 할 일 없이 오고 갔었네

지금 길을 멈추고 생각해 보니
온 일도 없고 간 일도 없네

몸을 굽혀 앞을 보니
왼발은 뜨고 오른발은 닿네

사리셀케 눈 산 호수 하늘 – 핀란드 여행 중

수행자는

수행자는 세상 모든 것이
자신을 향해 박수갈채를 보내도
결코 그 칭찬 속에 머물지 않고
비난을 해도 그 비난 속에 머물지 않는다
마치 푸른 나뭇가지가
허공을 향해 뻗어 가듯
자신을 향해 뻗어 간다

순결한 성전

오! 적멸의 아름다움이여

내가 본 노르카프는
하늘과 땅이
하나의 큰 깨달음의 성전이었다
순결한 성전
인간의 언어로는 아무 말할 수 없는
순수무구
세상에 존재하는 그 어떤 경전보다도
고요조차 멸해 버린
순결한 언어로 가득 찼다

순결한 성전 – 북유럽 여행 중 노르카프홀

생명의 길

너는 아느냐?
우리의 인생이 길에서 왔다
길로 감을
그리고 그 길은 한 몸임을
길은 오직 하나의 길
생명의 길임을
그대가 만약 이 길을 안다면
일체생명을 사랑할 것이다

증거

아무도 오지 않았다
한 달이 가고 두 달이 가도
파리가 얼굴을 기어 다닌다
다리가 여섯 개다

살아 있다는 증거

침묵

무덤이 편안한 것은
아무 말이 없기 때문이다
사람은 가끔 무덤 같은
침묵이 필요하다

님을 부르는 마음

나 님을 보고 싶어 하는 것은
다만 님을 보기 위한 것만은 아니요
나 님을 부르는 것은
다만 님이 듣기를 바라서만은 아닙니다
나 님을 사랑하고 그리워하는 것은
님이 가셨기 때문이 아니라
진정
내가 누구인지 모르기 때문입니다

신의 눈물－북유럽 여행 중 미달역 가는 길

나를 버리면

알고 보면
아무것도 아니다
여기 걸림 없는
대자유가 있다

자신의 존재가
아무것도 아니란 것을 알면
세상 그 무엇에도 걸림이 없다
나를 버리면
일체만물이 내가 된다

쪽방

쪽방은
아무렇게나 누워도
시비가 일어나지 않는다
정말 편안한 세계는
방향이 없다

쪽방이 편안한 것은
온전한 고립이 가능한 까닭
사람은 가끔
온전한 고립이 필요하다
온전한 고립은
자신의 내면의 세계를
숨김없이 드러낸다

名古一五代臣品極

화엄법계도 – 소나무 숲

겨울 산

눈 덮인 겨울 산
앙상한 빈 나뭇가지에
알 수 없는 그리움이
바람에 펄럭인다

산다는 건
나 아닌 또 다른 생명에게
반응하는 것

비 오는 산골 마을

비 오는 산골 마을 저물 무렵은
인생사 모든 것이 쓸쓸하기만 하다
그래도 이 풍경이 마냥 좋은 것은
쓸쓸함이 있기에 세상 모든 것을
품을 수 있는 마음이 생기기 때문이다
지난날 그 어떤 것도 이 풍경 속에선
그저 아름답기만 하다

아홉

시를 쓰다 눈물이 날 때
혹은 웃음이 날 때
눈물 나면 온 세상이 아름답고
웃음 나면 온 세상이 쓸쓸하다

지금, 나는
눈물 나다 웃음 난다
아홉

죽음을 선택하라

한 줄의 시를 쓴다는 것은
한 번의 죽음을 의미하고
한 장의 그림을 그린다는 것은
한 번의 화장을 의미하는 것
참으로 죽지 않는 것은 예술일 수가 없다
진정한 예술은 반드시 죽음을 선택한다

시는 어떻게 쓰는가 손, 머리, 의식 아니다
시를 쓰는 것은 몸이다 그러나 몸은 시를 쓰지 않는다
몸은 죽어 환생한다, 시의 몸으로
진정 살아 있는 시는 몸과 시를 맞바꾼다

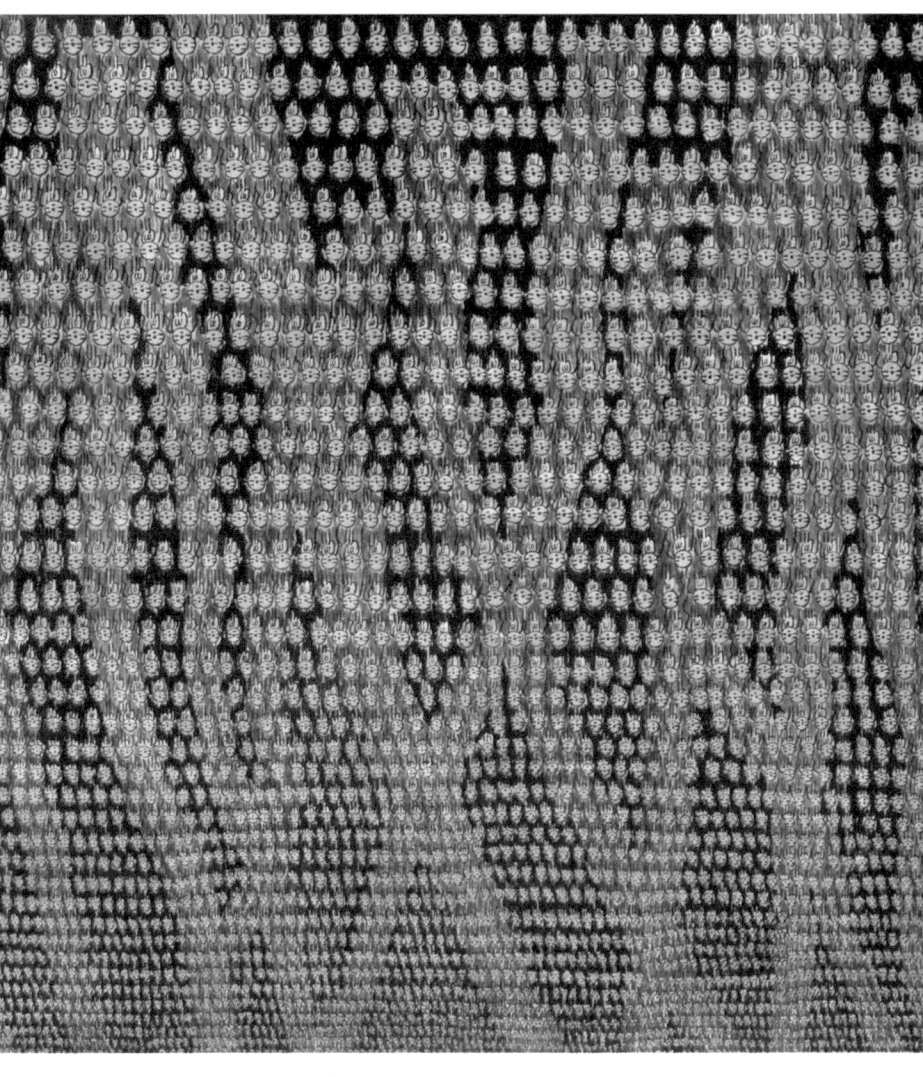

회암사명 — 직지심체요절(복제본)

나무가 말했다

살아도 살지 못하고 죽어도 죽지 못한 것은
존재 그 자체로 온전하지 못한 까닭
작년에 심은 나무가 아무 말없이 죽고
올봄에 심은 나무가 아무 말없이 산다

나무가 말했다
인간은 온전히 죽지도 살지도 못하면서
하루 골백번 더 죽고 산다고

내가 내가 그리울 땐

가끔은 세상이 그리울 때가 있지요
내가 나를 유폐시킨 것은 그만한 이유가 있다지만
가끔은 세상이 그리울 때가 있지요
깊은 산 외로운 섬, 산짐승도 외로워 홀로 울 땐
가끔은 나도 눈물이 나요

그러나 내가 내가 그리울 땐
더 깊고 먼 곳으로 도망가지요

새야

새야
내 너를 사랑하는 것은
단지
네 모습이 아름답기 때문도
내 가슴에 사랑이
남아 있기 때문도 아니다

내 너를 그리워하고
보고 싶어 하는 것은
다만 네 존재의 슬픔을
알기 때문이다

다시 찾은 세상

귀여운 자리
두 발 묻고 쓰러진 내 작은 무덤
생명의 소리
온밤 통곡으로 탑을 쌓고
다시 찾은 세상
겨울바람 소리만 울고 있구나

어느 객스님을 보내고

오롯이 한 생각
맑게 타오르던 그 눈빛
한 잎 두 잎 떨어지는 단풍잎을 젖히고
홀연히 사라져 간 스님의 뒷모습
빈자리
가을비 하염없이 내리던 날
아
산이 울고 가을이 울고 온갖 소리들이
낮과 밤이 온통 운다

여행 1

여행의 끝은 없다
삶이 곧 여행이기에

죽어도 끝이 없다
또 다른 여행이기에

여행 2

여행은
삶도 죽음도 미련 없이 떠나는 것
어디서든 자유로운 자신을 보는 것
세상을 보기 위해 떠나는 것이 아니라
참 자아를 보기 위해 떠나는 것

화엄법계도 – 범아일여

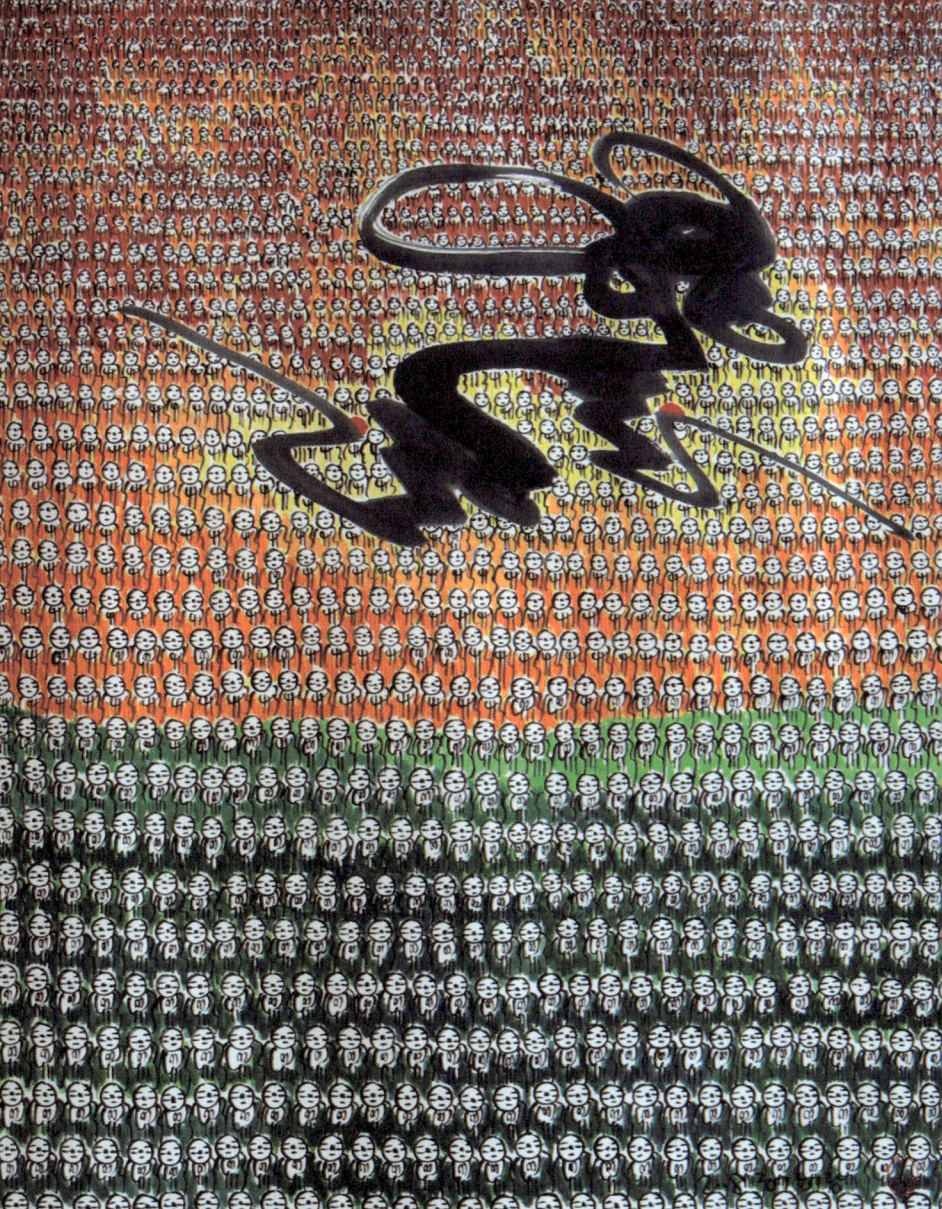

쌈바 축제－남미 여행 중 리오에서

존재의 유희

자신감과 열등감은 동전의 양면과 같다
남의 눈치를 보지 않고 자신의 삶에 충실한 사람은
온전한 존재감이 있을 뿐이다
이런 사람은 자신감이나 열등감에 빠지지 않고
매 순간 자신의 존재를 갖고 논다

고요란

사람이 없는 여름 산중은 더 깊고 고요하다
매미가 시끄럽게 울어 대도 그것조차 고요하다
고요란 시끄럽지 않은 것을 말하는 것이 아니라
시끄러움 속에서도
존재의 내면을 깊이 바라보는 것이다

고흐를 생각하다

새소리를 흉내 내다 입이 삐뚤어졌다
째액 짹~ 째잭 째액~
풀잎들도 따라 하느라 몸을 비튼다

낮에는 뻐꾸기가 울어 심신산골을 더 깊게 하더니
밤에는 강아지가 짖어 혼자임을 더 절실히 느낀다
고흐가 다른 어떤 화가보다도
자화상을 많이 그린 것을 진심으로 알겠다

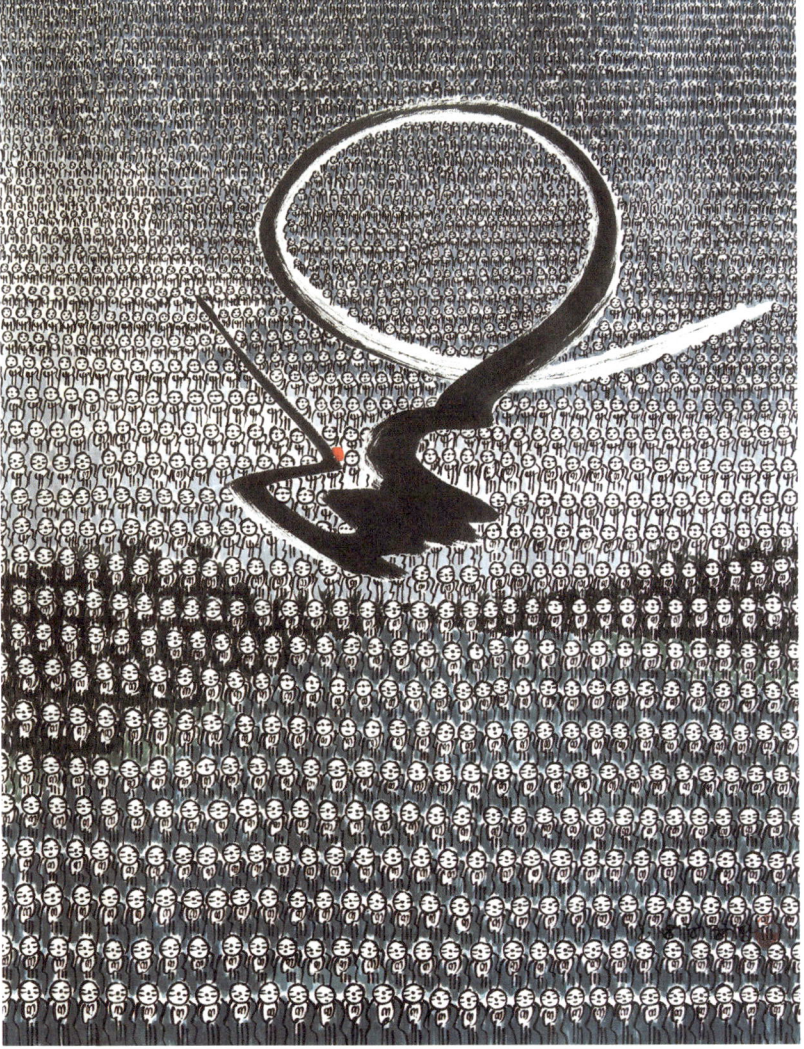

아마존 강의 새 – 남미 여행 중

覺者의 슬픔과 자비

다 알고도 다 아는 것을
다 이야기하지 못하는 것이
覺者의 슬픔이요
세상이 인생이 참으로
덧없고 헛되고 꿈인 줄 알면서도
그 꿈을 함께하는 것이
覺者의 자비이다

떠나기 위해 소리 내는 것

항구와 기차역은 어디를 가나 쓸쓸하다
뱃고동 소리도 기적 소리도
떠나기 위해 소리 내는 것은 모두

그들은

그들은 어디를 가도
세상을 만만하게 보거나 교만하지 않다
또한 두려워하거나 초조해하지도 않는다
참으로 진정한 나그네는
세상을 쫓아다니지 않고 품고 다닌다
그들은 모두 세상을
눈물겹게 사랑하는 사람들이다

아마존 강의 여인－남미 여행 중

고독한 비명 – 남미 여행 중 칠레의 사막에서

귀신 같은 날

밤인가 해서 눈을 뜨니 밤이 아니요
낮인가 해서 눈을 뜨니 낮이 아니로다
나는 세월 맨 끝 뒷모퉁이에서
無의 파편 하염없이 토하며
윤회의 사슬 뒤척이며 한 바퀴
생사의 꿈을 희롱하노라
오호!
앞을 보니 앞산이요 뒤를 보니 뒷산인데
앞산과 뒷산이 마주하니
중생과 부처가 함께 푸르구나

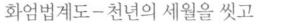

화엄법계도 – 천년의 세월을 씻고

오호

윤회의 강가에서 몸을 씻고
새끼손가락으로 강을 튕기니
배를 안 타고도 강을 건너네
오호! 강 건너 저 늙은이는
무슨 일로 서 있는가?

인연 따라 가는 길

중생이면 어떻고 부처면 어떠랴!
몽중에 이 한 목숨 인연 따라 사는 것을
중생도 나의 중생 부처도 나의 부처
인연 따라 가는 길 뉘 감히 시비하랴

화엄법계도 – 오도송

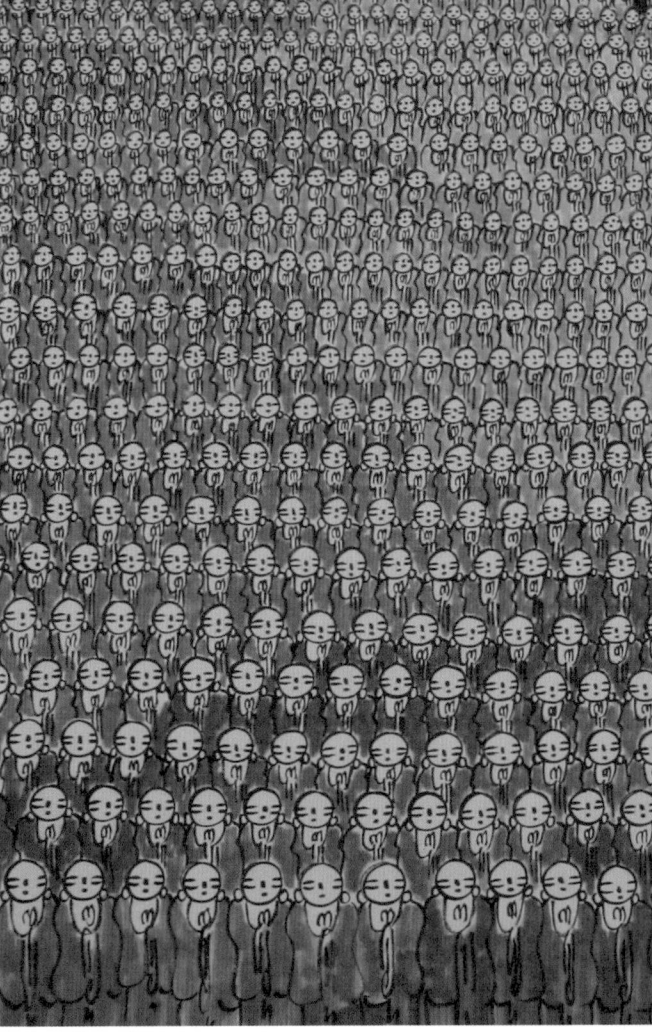

화엄법계도 — 순례자

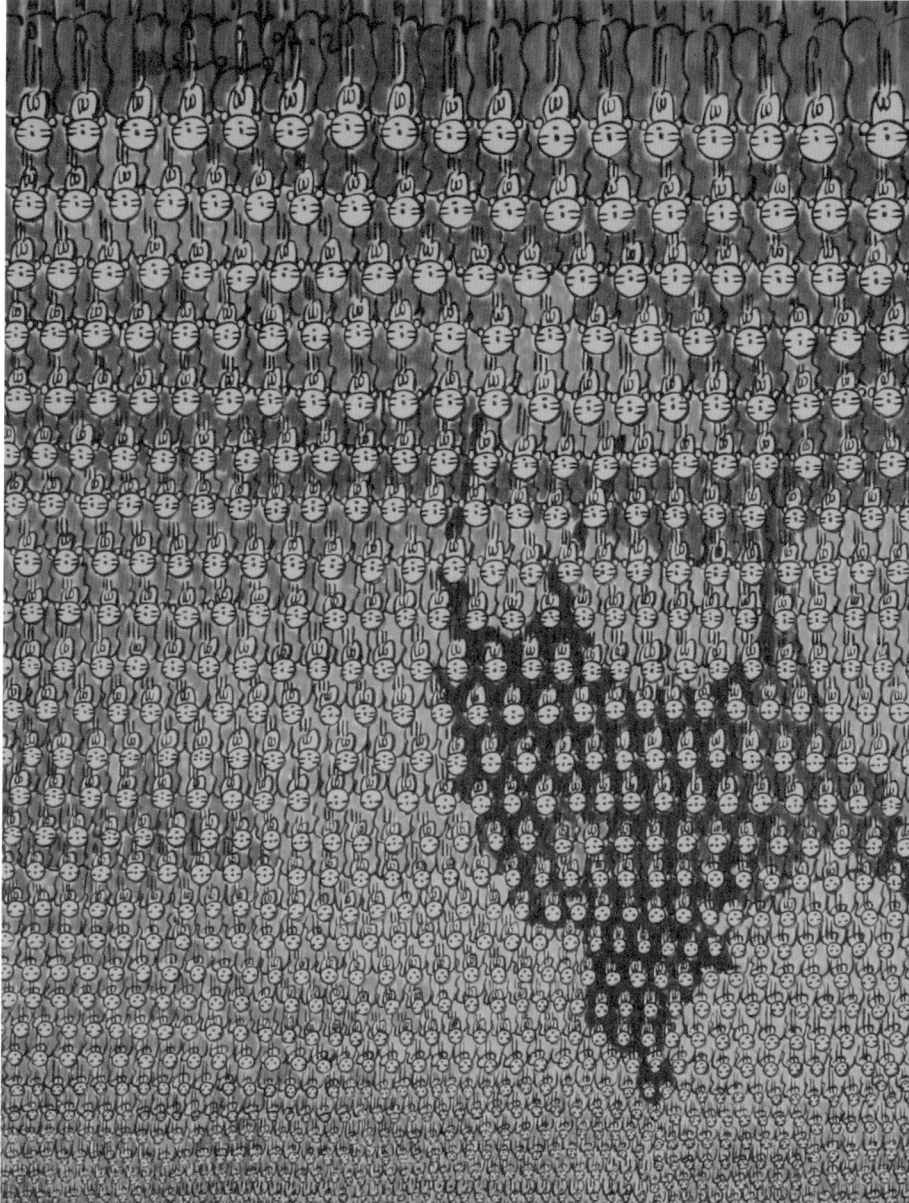

휴식 – 남미 여행 중 상파울로에서

생명의 꽃 우담바라

여기 피어 있네 생명의 꽃 우담바라
우담바라의 꽃은 피고
여기 피었도다 중생의 꽃 부처의 꽃
우담바라의 꽃은 피고

그대는 이미 우담바라다
싹을 틔우고 꽃으로 나아가라
우담바라는 삶의 꽃이다
홀짝 핀 마음으로 사는 꽃이다

허허당이 본 화엄 세계

화엄은 부처님이 깨달으신 생명관 우주관
하늘도 땅도
일체만물이 생명 아님이 없다는 부처님의 覺觀
이것을 표현하려고 한 것이 화엄법계도이다

생명은 어떤 경우에도 주의, 사상, 이데올로기가 아닌
절대 자유라는 것이 허허당의 생각
따라서 화엄은 어떤 사상적 배경이 아닌
우주는 하나의 큰 생명임을 고함치고 싶은 생명의 몸짓
그 이름을 화엄법계도라 한 것이다

파천무 – 인도 여행 중 다람살라에서

존재의 커밍아웃

고요하고 고요하다
편안하고 편안하다
이대로 죽어도 좋을 만큼
지금 나는
이 고요함과 편안함 속에서
인생은 궁극적으로
슬픈 존재라는 것을 깨닫는다
깨달음도 고요함도 편안함도

존재의 커밍아웃
모든 존재의 궁극 실상은
슬픈 것이다

새가 저리도 자유로운 것은

그대 진정 자유롭고 싶다면
몸도 마음도 가볍게 하라
새가 저리도 자유로운 것은
날개 하나로 날기 때문이다

그대 어찌

세상은 가지는 것이 아니라 품는 것이다
취하는 것이 아니라 담는 것이다
세상은 있는 그대로 진실하여 정직한 사람에게 절로 안긴다
그대 어찌 거짓된 마음으로 세상을 품으려 하는가?
가지려 하는가?

최고의 행복

나눌 수 있다는 것
얼마나 좋은 일인가
그대가 세상 전부를 가졌다 해도
아무하고도 나눌 수 없다면
그보다 큰 불행이 없을 것이다
나누어라
그것이 세상을 사는 최고의 맛
최고의 행복이다

고귀한 것은

잡초는 몇 번을 밟혀도
다시 고개 들지만
꽃은 단 한 번을 밟혀도
다시 고개 들지 않는다
마치 고귀한 사랑이
단 한 번의 상처로
죽어 가듯이

홀로 있는 기쁨[1]

세상에
아무리 좋은 것이 있다 해도
텅 빈 마음으로
고요히 홀로 있는 것만 못하다
홀로 있는 기쁨을 아는 자는
만물이 스스로 벗이 된다

홀로 있는 기쁨[2]

깊은 밤 홀로 명상에 들면
앵앵거리는 모기 소리도 정답고
창문을 스치는 바람 소리도 정답다
모든 것이 정답게 느껴지는 밤
홀로 있는 기쁨은
세상 모든 것을 사랑하게 한다

그리움

마음을 비우면1

세상에 당신이 소유할 수 있는 것은
아무것도 없다
다만 세상과 벗하며 살아갈 뿐

마음을 비우면
삶에서 일어나는 모든 것이 신비롭다

마음을 비우면
나는 나 그것만이 내가 아니라
나를 바라보는 모든 것이 이미 나다

마음을 비우면 거짓된 나는 사라지고
하나의 큰 생명이 존재한다
내가 없으면 모든 것이 온전하다

마음을 비우면2

끝에서면 모든 것이 아름답다
사랑의 끝 이별의 끝에서도
마음을 비우면
세상 모두가 내 품에 안긴다

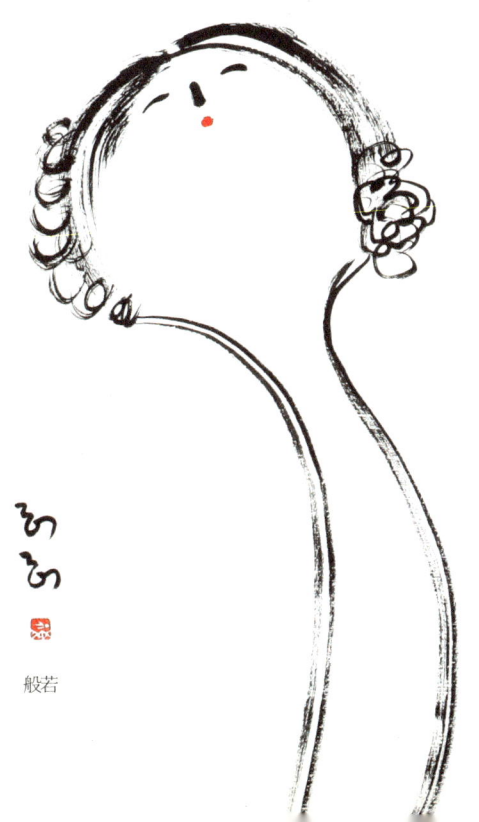

般若

깨어나라

세상에서 산속으로 출가하는 것은
그리 어려운 일 아니다
산에서 세상으로 내려오는 것 또한

참으로 어렵고 힘든 것은 홀로 결사
산에서 허공으로 허공에서 무심으로
깨어나라, 산에 사는 사람이여

나를 깨고 산을 깨고 허공을 깨어
만 중생의 가슴속으로 깨어나라

선승의 눈 - 傳法

본래 무일물

아무런 일 없이 겨울이 가고
아무런 일 없이 봄이 왔다

본래 무일물
본래 한 물건 없었건만
봄은 봄이요 겨울은 겨울이었다

아무런 일 없이 나고 병들고
아무런 일 없이 늙고 죽었다

본래 무일물
본래 생사가 없었건만
生은 생이요 死는 사였다

살펴보니

살펴보니 세상에 자랑할 만한 것 아무것도 없더라
내 것이란 것도 남의 것이란 것도
살펴보니 일생에 한 번쯤 해 볼 만한 일이 있다면
비워 사는 일 뿐이더라
살펴보니 큰 살림꾼은 아무리 가져도
가졌다는 생각을 아니하고
인연 따라 맺고 풀어 만 중생을 이익 되게 하더라
살펴보니 무엇이든 내 것을 고집하고
자랑 안 하면 못 사는 사람들은
가져도 아주 조금밖에 가질 수가 없더라
살펴보니 참으로 비우고 참으로 가진 자는
걸림 없이 갖고 걸림 없이 버리고
내 것이란 어리석음에 빠지지 않더라
살펴보니 한세상 비우면 한세상 덜컹 일어나더라
비우라 비워 사는 것이 비워 얻는 것이 변함없는 진리이더라
내 살펴보니

148

선승의 눈 – 동행

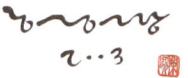 무위

아무도 없는 빈 절
달그림자 벗하며 맑은 바람 차 마시고
이슬 따아 얼굴 씻고 풀섶에 눕노니
한 마리 산새는 창공을 논다

선승의 눈 - 觀

무욕

아무것도 가진 게 없어 시비하는 자 없고
아무것도 줄 게 없어 관심 갖는 이 없도다
安國의 밤, 심심한 마당에 비 떨어지는 소리
한가로이 고개 숙인 중 살림이 넉넉하다

아니겠느냐

시라는 게 뭐냐
꿈꾸듯이 말하는 것 아니겠느냐
그림이란 게 뭐냐
몽유병 환자처럼
정신없이 노는 것 아니겠느냐
하!
인생이란 한낱 꿈속에
꿈임을 아는 것 아니겠느냐

일 없는 사람

인생의 할 일 마치고 나면 노는 것밖에 할 일이 없다
잘 노는 사람은
밥 먹는 것도 노는 것이요 똥 싸는 것도 노는 것이요
가고 오고 앉고 눕고 자는 이 모든 것이 노는 것이다
깨달은 사람은
매 순간순간이 영원이고 참이고 자유이기에
있는 그것을 바로 논다

부처가 오면 부처를 놀고 중생이 오면 중생을 놀고
선이 오면 선을 놀고 악이 오면 악을 논다
사랑이 오면 사랑을 놀고 미움이 오면 미움을 놀고
삶이 오면 삶을 놀고 죽음이 오면 죽음을 논다
어떤가?
과연 그대는 죽음이 오면 죽음을 놀 수 있겠는가?

무심

앉았다 일어섰다 하루해 떨어지고
노을빛 당겨 덮고 달맞이하는 차
새들의 노랫소리 두 귀를 맞대니
어느새 초승달이 볼귀를 끄는구나

선승의 눈 – 執

욕망의 거울

아무리 세상이 크다 해도
마음의 눈을 뜨지 못하면 한 치 앞을 못 본다
마음의 눈을 뜨려면
먼저 자신의 욕망의 거울을 깨야 한다
그렇지 않으면
있는 그대로의 세상을 볼 수 없다

인연법

세상을 크게 보면 손익이 없고
작게 보면 손익이 있다
세속적인 모든 것은 손익이 따르고
출세간적인 모든 것은 손익이 없다
다만 인연법이 있을 뿐이다
인연법을 모르면 집착이 생기고
집착이 생기면 고통이 따른다
진리란 일체가 무상한 줄 알고 인연법을 따르는 것
이것을 알면 매 순간 자유롭다

인연

인연은 맺는 것도 중요하지만 끊는 것도 중요하다
서로가 서로에게 상처만 남기는 인연은
가능한 빨리 끊는 것이 좋다
잘못된 인연을 질질 끌면 인연도 신경질 낸다
소통이 안 되는 사람과 억지로 소통하려 하면
더 큰 장벽이 생길 뿐이다

홀로 선 자

아름다워라 홀로 선 자
이 세상 어떤 기쁨도
고요히 스스로
홀로 있는 기쁨만 못하리

선승의 눈 - 頌

반짝

여름내 폭우다 폭풍이다 휘몰아친 흔적들은
눈곱만큼도 남아 있지 않고
여름내 몰두했던 작품들도 눈곱만큼도 의미가 없다
숲 사이로 떨어진 나른한 오후의 빛이

"세상 그 어떤 것도 없는 것만 못하다."
반짝! 비웃음 치듯 물살 위를 난다

진실한 마음

봐도 본 것이 없고
들어도 들은 것이 없어야
비로소 진실한 마음을 가질 수 있다
자신을 바로 보는 사람은
봐도 본 것이 없고
들어도 들은 것이 없다

無影樹下 얼굴없는

내게 말을 거는 자여

내게 말을 거는 자여
그대 세상에서 무엇을 배웠는가?
그대 세상에서 무엇을 배웠다 해도
내게 말을 걸 땐 농담으로 하라

내게 말을 거는 자여
그대 인간에게 무엇을 배웠는가?
그대 인간에게 무엇을 배웠다 해도
내게 말을 걸 땐 침묵으로 하라

내게 말을 거는 자여
지금 세상과 인간에게 배운 것이 있다면
가벼운 마음으로 입을 닫아라

여행길

여행길은 말한다
무엇이든 불필요한 것은 버리라고
여행길은 사람의 마음을 겸손하게 하고
모든 것을 가볍게 한다
몸도 마음도 영혼도

정거장

수많은 만남과
수많은 이별을 하고도
아무 말 없는 정거장
정거장에서
나그네의 한숨 같은
커피 한 잔 뽑는다
500원짜리 동전 하나로
세상을 품는…

빈 몸

바람 불어도
거미줄을 물고 있는 댓잎처럼
파르르 떨지 않는 마른 가슴아
별 쏟아지는 밤
빈 몸 허공에 걸어 둔 채
소쩍새 울음만
바람에 실려 가네

무심이 아니면

무심이 아니면 아무것도 주지 마라
주면 주는 만큼 줌이 널 괴롭힌다

무심이 아니면 아무것도 받지 마라
받으면 받은 만큼 괴로움이 따른다

줘도 줌이 없어야 준 것이고
받아도 받음이 없어야 받은 것이다

진실로 주고받은 것은
아무런 흔적이 없다

무상을 알아야

무엇이든
내 것을 만들면 괴로움이 생긴다
지혜로운 자는 천하를 다 가져도
내 것이란 생각에 빠지지 않는다
무상을 알아야 자유롭다

지혜의 눈

방하착

눈을 내리고
바지를 내리고
똥을 내린다
하!
모든 것을 내리니
마음이 한가롭네

허공에 핀 꽃

둘은 너무 많다

하나면 충분하다
둘은 너무 많다
무엇이든
제대로 된 것 하나

참 행복

진정 행복한 사람은
아무에게도 관심받기를 바라지 않고
묵묵히 자신의 삶을 살아간다
행복한 사람은 행복을 구하지 않는다
그냥 살 뿐이다

행불행

넌 볼 수 있잖아 볼 수 없는 사람도 있다
넌 들을 수 있잖아 듣지 못하는 사람도 있다
매 순간 스스로 감사할 줄 모르는 사람은
어딜 가도 불행하다

넌 걸을 수 있잖아 걷지 못하는 사람도 있다
넌 뛸 수 있잖아 뛰지 못하는 사람도 있다
매 순간 스스로 감사할 줄 아는 사람은
어딜 가도 행복하다

이부자리

언제나 그렇듯이 외출했다 돌아오면
몸만 쏙 빠져나온 이부자리가 꿀단지 모양
처음 그대로 가만히 있는 것을 보면
참 반갑기도 하고 편안하다 그런가 하면
주인을 기다리고 있는 이부자리의 신세가
좀 안쓰럽기도 하다
발로 툭 걷어차면 납작 엎드리는 것도

환희, 충만

순 백치

오늘은
하얀 꽃과 하얀 나비
하얀 새들과 종일 놀았다
티 없이 순백한 날
순 백치가 된다

매혹

숨

밤새 우는 개구리는
밤새 울고도 아무 말 없었고
밤새 우는 개구리 소리를
밤새 듣는 나도 아무 말 없었다
말을 하기엔
내 안의 숨이 너무 길었다

새벽 참선

새벽에 일어나 참선을 하면
총총한 별들이 모두 내 무릎 위에 내려앉는다
그중 북두칠성은 내 정수리에 앉아
귀에 걸렸다 코에 걸렸다 하고
선선한 바람은 목과 팔다리를 잘라
순식간에 저 산모퉁이를 한 바퀴 돌고는
아무 일 없는 듯이 척 붙여 놓는다

새벽 참선은 나와 만물이 하나 되어
꿈결 같은 즐거움에 휩싸인다

청동빛 미소

물살에 흔들리는 빛을 바라보다
바짓가랑이 다 젖는 줄 몰랐다

물밑 잔돌멩이들의 청동빛 미소
억겁의 세월을 고스란히 담고 있다

왼발을 드니 엄지발가락에 끼인
청동 미소가 온 산을 웃게 한다

어린이날

푸르고 푸르다, 이 산 저 산
마치 어린아이의 얼굴에 핀 마른버짐같이
희끗희끗하던 산 벚꽃들도 자취를 감추고
온 산이 녹색 물결로 출렁인다
고요한 오후
어디선가 아이들의 웃음소리 들린다

계곡에 나가 동동 떠다니는 맑고 싱그러운
아이들의 미소를 줍는다

가사의 아침

가사의 아침
바람결에 떨어진 꽃잎들이
허공에 맴돌고
땅속에 숨어 있던 새싹들이
쏙쏙 고개를 내민다

붓을 놓고 창문을 연다
지지배 지지배배~
밥 안 먹어도 배부르다

늦гुл

별 따기

누워서 별을 보고 있으면
귀뚜라미 소리가 별에서 나는 것 같다
이불을 젖히고 왼발을 든다
가장 빛나는 별과 발끝을 맞춘다
별 따기 쉽다

단풍잎 하늘

새가 난다
단풍잎 사이로
하늘이 붉다

이마에 떨어진
단풍잎 하늘

양념

보라색 나팔꽃이 울타리를 감고
입을 쫙 벌리고 하늘을 먹느라 정신없다
나비 한 마리 양념처럼 폴폴 난다

하

하!
울지도 못하고
웃지도 못한다
혹 네가
떨어질까 봐
숨죽여 바라보는
꽃 한 송이

생명의 축제 – 寂

생명의 축제 – 歡

꽃들은 물을 원하나
꽃들은 생각 원가
아
온 세상이 꽃들판

시믐

달맞이

새벽닭이 울고
잃어버린 베개를 찾아 다시 눕는다
발끝에 모인 이불자락
실밥이 터져 웅크리고 있다
날 샌다

안개 속에 피어 있는 달맞이꽃
잎을 오므리며 고개를 숙인다
안녕! 달맞이야
너도 밤을 새웠구나

몸이 가는 들꽃

이제 잎이 큰 꽃들은 서서히 자취를 감추고
작은 들꽃들이 피기 시작한다
가만히 앉아 몸이 가는 들꽃들을 바라보고 있으면
가지에 달린 큰 꽃보다 훨씬 많은 이야기를 담고 있다
낮게 바람에 흔들리는 자태만으로도
억겁 세월을 녹인다

죽음의 계절

별빛 쏟아지는 곳을 따라 눈길을 주다
벚나무에 이마를 박고 길을 잃었다
후두둑~
봄엔 하루에 몇 천 번을 죽는다
졸졸 흐르는 물소리에 죽고
막 피어나는 꽃 소리에 죽고
보다 죽고 듣다 죽고 눈을 감다 죽고
뜨다 죽는다
봄은 황홀한 죽음의 계절 또 죽는다
저 반짝이는 별빛 아래

圓覺

산지기

또 해가 저문다
봄엔 싹을 틔우느라 안간힘을 쓰던 잎들이
이제 더위를 이기느라 안간힘을 쓴다
삶이란
무엇을 막론하고 안간힘을 쓰는 것인가

장마가 시작되었다
점점 불어나는 계곡의 물이
우렁찬 소리를 내며 온 산을 흔든다
새들 자취를 감추고 홀로 산을 지킨다

등뼈 휘는 소리

밤이 깊을수록 귀뚜라미 소리가 커진다
낮에 울던 매미 소리가
귀뚜라미 소리에 묻어 있는 것 같다

형광등 아래 날파리들은
날갯짓으로 소리를 내고
나는 가부좌를 틀고
등뼈 휘는 소리를 낸다

인류의 꿈 - 사랑

가을에 대한 예의

단풍이 들면 고독해야지
가을에 대한 예의

어찌 고독하지 않고서
붉은 심장을 보리오

휴유암 소식[1]

아침 일찍 하얀 새들이
무리를 이루고 산을 넘는 것을 보았다
두 줄로 자유롭게 나는 새들이
얼마나 아름다운지
사람 사는 세상도 저 새들처럼
마음껏 자유롭고 아름다웠으면 하는 마음에
하염없이 쳐다봤다

비 온다
가뭄에 시달린 숲들
일제히 환호성을 터트리고
개구리
목이 터져라 울어 댄다

휴유암 소식[2]

올 여름엔
유난히도 꽃이 많이 피고
새가 많이 운다
내 눈과 귀가
자연과 더 가까워졌는지
아니면 마음이

해 진다
저놈의 노을빛
먹구름을 잡아끌고
온갖 행패를 부리는구나
새들 숲으로 숲으로
화살처럼 꽂힌다

휴유의 밤

방 안에 큰 잠자리 한 마리 들어왔다
가을도 아닌데 이렇게 큰 잠자리는 처음 본다
아주 화려한 망사 옷을 입고 천장에 붙어 나를 쳐다본다
문지방에 걸터앉은 베짱이는 뒷다리를 들고
슬며시 일어나 밖으로 나간다

산기슭에 걸려 있는 새벽달이 뭔가 할 말을 하지 못해
꾹 참고 있는 듯한 표정이다
계곡의 물은 바닥을 드러내어 달그림자를 갖지 못하고
실없이 서 있는 나그네의 그림자를
밀었다 당겼다 한다

방문 앞 큰 바위

겨울엔 방문 앞 큰 바위가
웅장한 모습으로 온 산을 지배하는 듯하더니
이제 숲의 포로가 되어
겨우 숨 쉴 만큼 뾰족하게 보일락 말락 한다
거기 새 한 마리
숨통을 조이듯 내려앉는다

休遊

휴유암 뒤뜰 밤나무 가지
평상 위에 몸을 눕히니
가지가지 길이로다

가지가지 나는 가지
하늘로 가지 땅으로 가지
밤나무 하나로 천지를 가지

夢遊

어제
내 꿈에 나타난 학 한 마리
고요한 미소로 바라보았지요
어제
내 꿈에 나타난 학 한 마리는
바람 부는 뜰 앞에서
흰 날개를 펼쳤지요

산중일기1

아침 일찍 매미들이 울어 댄다
깊어 가는 여름날에 가을을 예감하는
잠자리들이 공중을 난다
무엇이든 깊어지면 새로워진다

산중일기2

계곡이 시끌벅적하다
아이들의 웃음소리와 어른들의 고함 소리가
온 산을 뒤흔든다
새들도 자취를 감추고 꽃들도 몸을 움츠린다
사람이 있는 곳엔 고요가 없다

산중일기³

밤바람이 고요하다
비 그치고
처마 끝 낙수가 텅 빈 계곡을 흔든다
밖에 나가 자두 하나 따 먹고
발뒤꿈치를 들고 마당 한 바퀴 돈다

별은 보이지 않고 들고양이
어슬렁대며 내 뒤를 따른다

아침 점호

여느 때보다
고요한 아침을 맞으며
짙은 안개 속의 숲을 본다
보일 듯 말 듯 한들거리는 나뭇잎들이
마치 아이들이 숨바꼭질을 하며
숨죽여 노는 듯하다

서서히 안개가 걷히고
산 넘어 뻐꾸기 소리 들린다
짹짹 산새들도 날개를 펴고
아침 점호를 시작한다
녀석들 나만 빼고
저거끼리 지랄이야

비웃음

숲에서 놀다
갑자기 쏟아지는 소낙비에 혼자 남았다
새도 잠자리도 물고기도
순식간에 어디론가 흔적도 없이 사라진다
햐~ 이놈들은
인간이 만물의 영장이라는 소리가
얼마나 가소로운지 단숨에 보여 준다

날름날름

조금씩 떨어지는 빗방울이 천둥 번개를 불러 놓고
잽싸게 어디론가 숨어 버린다 쿠르릉 쾅쾅
무성한 계곡의 갈대밭이 일제히 한곳으로 고개를 숙인다
그 사이 키 큰 달맞이꽃이 천둥 벼락을 다 먹어치운다
날름날름 밤새 꽃을 피우기 위해

인류의 꿈 ─ 자비

짹~

오늘은 종일 계곡의 숲에서 놀았다
발가벗고 목욕을 하다 덜렁 누워 낮잠을 자다
공중을 나는 잠자리들은 쌍으로 붙어 잘도 논다
물속에서 노는 고기들도
만물은 종족을 보존하는 일조차 어찌 저리도 자유로운지
짹~ 하는 새소리는 한 울음에 하늘을 깬다

어슴푸레

숲에서 잠을 자다 어슴푸레 눈을 뜨면
하얀 별들이 하늘에 총총하다
나뭇잎 사이로 떨어지는 빛들이 별처럼 반짝인다
어슴푸레 눈을 뜨면
아름다운 것들이 더욱더 아름답다

인류의 꿈—자유

밤도둑

비 온다
짙은 어둠 속에서
밤도둑같이

흔들리는 촛불
빗소리에
젖는다

미운 오리 새끼

석가를 불러 바위에 앉히고
도솔천을 불러 병풍을 친다
밤새 얼굴 없는 뮤지션들 지지배 지지배배
개울가 잔돌멩이는 청동빛으로 웃고
길가의 코스모스는 핑컷 붉컷 웃는다
아
저 하늘 흰 구름은 정반왕의 슬픔인가
저 하늘 초승달은 가섭의 미소인가
사랑하는 이여 나는 그대 품의 장난꾸러기
미운 오리 새끼 라훌라

순수한 웃음

온몸이 기쁨으로 가득찬 하루
순수한 웃음은 하늘도 따라 웃고
땅도 따라 웃는다

아이고

오늘은
어젯밤 내린 비로 인해
더없이 평온한 아침을 맞는다
앞산 잔나뭇가지들
곱게 빗어 올린 머리카락처럼
바람에 흔들린다

새 한 마리 곡예를 하듯
갈대밭으로 처박힌다
아이고

어쩌라고

달도 휘고 해도 휘고
달 속 해인지 해 속 달인지
해인지 달인지 사람인지
무슨 일로 저렇게
한 덩어리로 서 있는가
까만 밤은 어쩌라고

촛불에 고인 빗물

촛불을 켠다
툭툭 떨어지는 빗소리
아기의 숨결마냥 고요하다
촛불에
빗물이 고인다

겨울새 1

새야 겨울새야!
넌 날개가 없는 것 같아
마치 돌팔매질하듯 허공에 처박히네
새야 겨울새야! 부디 아프지 마라
내 눈이 아찔하다

겨울새 2

겨울 아침에 보는 새는
참 반갑기도 하다
얼음이 깨어지듯 깨끗한 소리
눈은 또 얼마나 초롱한지
새 한 마리가
온 세상을 품고 있다

인류의 꿈 – 평화

파란 하늘에 글을 남기면

한여름 한낮 이런 말이 참 좋다
덥지만 맑은 하늘에 떠 있는 실구름을 본다든지
바람에 흔들리는 나뭇잎을 보거나 꽃잎을 본다든지
그럴 때 나도 모르게 글을 쓰게 된다

동동 떠다니는 구름 위에 한들거리는 나뭇잎에
나풀거리는 꽃잎에 너를 사랑한다고
파란 하늘에 글을 남기면 가슴이 먼저 파래진다

소리 내고 싶은 밤

숲에서 들려오는 풀벌레 소리가
꿈속에서 들리는 것처럼 아련하다
가뭄에 물소리마저 끊기니 더더욱

오늘 밤은 내가 풀벌레 되어
세상 사람 모두의 귓전에 꿈결 같은
아련한 소리를 내고 싶다

소리의 그물

모처럼 소쩍새가 운다
그동안 온갖 풀벌레 소리들에 묻혀
들리지 않던 소쩍새가
여름 끝자락에서 소옷쩍

소쩍새는 멀리서도 소리의 그물로
내 영혼을 낚아챈다

아하

새가 울 때마다 나뭇잎이 흔들린다
숲이 흔들리는 것은 바람 때문인가 했더니
바람 불지 않아도 숲이 흔들린다
째액~짹 종일 울어 대는 새소리
아하!
나뭇잎이 갈라지는 것은 새소리 때문이야

인류의 꿈 – 행복

달새

새벽안개가 밤새 언 꽃잎을
제 몸을 삭이며 잠 깨운다
달새는 푸드득 아침을 열고
꽃잎이 사부작 내게 말한다

"밤새 꽃 한 송이 피웠니?"

세월 밖에서

우주의 심장을 찢고 찢어도
눈 하나 깜짝 않는 저 새들은
세월 밖에서
주인도 없이 잘도 노네

하늘

비 온다
밤은
낮가 보시리
비 그치고
새 왔다

햐

한들한들
햐~
어쩜 저리도 작은 몸을 가졌는가
거미줄같이 가는 몸, 눈이 아파 못 보겠네
한들한들
햐~
그 몸에 잎 나고 그 몸에 꽃 피었네
노랑 빨강 연분홍
그 꽃에
빛을 숨기네 바람 숨기네
내 일생을 몽땅 숨기네

크다

하얗게

어제 내린 비는
밤새 뼛속 깊이 까만 철조망을 치더니
오늘 아침 일어나 이팝나무를 보니
수만 개의 천국이 문을 열고 있었다
하얗게

인간의 꿈 - 정관(靜觀)